BEI GRIN MACHT SICH IHR
WISSEN BEZAHLT

- Wir veröffentlichen Ihre Hausarbeit,
  Bachelor- und Masterarbeit

- Ihr eigenes eBook und Buch -
  weltweit in allen wichtigen Shops

- Verdienen Sie an jedem Verkauf

Jetzt bei www.GRIN.com hochladen
und kostenlos publizieren

Bibliografische Information der Deutschen Nationalbibliothek:

Die Deutsche Bibliothek verzeichnet diese Publikation in der Deutschen National-
bibliografie; detaillierte bibliografische Daten sind im Internet über http://dnb.d-
nb.de/ abrufbar.

Impressum:

Copyright © 2013 GRIN Verlag
Druck und Bindung: Books on Demand GmbH, Norderstedt Germany
ISBN: 9783656598237

Dieses Buch bei GRIN:

https://www.grin.com/document/268837

Max Weber

Beweggründe für eine Verlagerung von Produktionsstätten ins Ausland

Eine Untersuchung anhand des Beispiels Nokia

GRIN Verlag

GRIN - Your knowledge has value

Der GRIN Verlag publiziert seit 1998 wissenschaftliche Arbeiten von Studenten, Hochschullehrern und anderen Akademikern als eBook und gedrucktes Buch. Die Verlagswebsite www.grin.com ist die ideale Plattform zur Veröffentlichung von Hausarbeiten, Abschlussarbeiten, wissenschaftlichen Aufsätzen, Dissertationen und Fachbüchern.

Besuchen Sie uns im Internet:

http://www.grin.com/

http://www.facebook.com/grincom

http://www.twitter.com/grin_com

Was bewegt Unternehmen dazu ihr Produktionsstätte ins Ausland zu verlagern?

Eine Untersuchung anhand des Beispiels Nokia

Schuljahr: 2012/13

Fach: Sozialwissenschaften

Abgabedatum: 23.5.2013

Verfasser: Max Weber

Inhaltsverzeichnis

1. Einleitung

1.1 Problematik und Vorgehensweise

Den richtigen Standort für die Produktion eines Unternehmens zu finden, ist nie einfach, doch in Zeiten der Globalisierung haben die Möglichkeiten für Konzerne stark zugenommen. Denn die Globalisierung hat viele Chancen zur Verlagerung von Produktionsstätten für Unternehmen eröffnet, da die Entwicklungen im Bereich der Informations- und Kommunikationstechnik[1] grenzüberschreitende Standort-verlagerungen sehr viel einfacher gemacht haben. Zudem erleichtert der Fortschritt in der Transportbranche eine Verlagerung ins Ausland.

Es ist deutlich zu erkennen, dass die Produktionsverlagerungen dadurch stark zugenommen haben, was erhebliche Folgen für die deutsche Wirtschaft mit sich bringt. Denn durch die Verlagerungen gehen viele Arbeitsplätze verloren und die Steuereinnahmen des Staates sinken. Somit können Abwanderungen von großen Unternehmen ganze Regionen negativ beeinflussen und viele wirtschaftliche, wie auch sozialpolitische Probleme aufwerfen. Der Staat versucht also die Standortbedingungen Deutschlands zu verbessern, um die Unternehmen vom Abwandern abzuhalten und Arbeitsplätze zu sichern. Doch um den Standort Deutschland aufzuwerten, muss man sich zuerst fragen, was die Unternehmen dazu bewegt Deutschland zu verlassen und ihre Produktion ins Ausland zu verlagern.

Diese Beweggründe werden in dieser Arbeit erläutert und dabei näher auf die Vor- und Nachteile des Wirtschaftsstandortes Deutschland eingegangen. Außerdem werden die Folgen der Produktionsverlagerung für Deutschland näher beleuchtet und mögliche Lösungsansätze für eine Verbesserung des Standortes genannt. Um die genannten Elemente greifbarer zu machen, werden diese anhand der Produktionsverlagerung Nokias beschrieben und verglichen.

---

1 Klinkel; Lay; Maloca (2004), S. 5

2. Hauptuntersuchung

2.1 Darstellung der Verlagerung des Nokia-Werks in Bochum und dessen Folgen

Ein sehr gutes Beispiel für die Produktionsverlagerungen innerhalb Deutschlands ist die Verlagerung des Werkes von Nokia. Der Konzern verlegte sein Produktionswerk 2008 von Bochum nach Rumänien, dies hatte erhebliche Folgen für Bochum und dessen Umfeld. 2300[2] Mitarbeiter wurden entlassen und 88 Millionen Euro Subventionen[3], die über die letzten Jahre in das Werk in Bochum investiert wurden, sind für Nichts ausgegeben worden, da das Unternehmen letztendlich nicht in Bochum geblieben ist.

Nachdem die Verlagerung angekündigt wurde, gab es viele Demonstrationen[4], welche das Unternehmen jedoch nicht von seiner Abwanderung abhielten. Schlussendlich wurde ein Sozialplan ausgehandelt, welcher ein Volumen von 200 Millionen Euro hatte. Davon wurden 185[5] Millionen Euro für die Abfindung der Mitarbeiter bereitgestellt. Somit lag die Abfindung eines Angestellten, je nach Länge der Beschäftigungszeit, Alter und dem Bruttomonatsgehalt, bei 10000 – 220000 Euro[6], wobei jeder Beschäftigte mindestens 10000 Euro Abfindung erhielt.

Außerdem musste das Unternehmen 40 Millionen Euro der Subventionen zurückzahlen[7], weil die Vorlagen nicht eingehalten wurden. Insgesamt kostete Nokia die Verlagerung ihrer Produktionsstätte von Deutschland nach Rumänien also 240 Millionen Euro. Als Gründe für die Verlagerung wurden besonders die zu hohen Kosten und die geringe Wettbewerbsfähigkeit am Standort Deutschland genannt. Die Entscheidung der Produktionsverlagerung hatte jedoch noch viele andere Gründe, welche die Abwanderung schlussendlich bezahlt gemacht haben. Diese werden im nachfolgenden Kapitel analysiert und mit den von anderen Unternehmen verglichen, die in den letzten Jahren auch ihre Produktionsstätte ins Ausland verlegt haben.

---

2 Vgl. http://www.zeit.de/online/2008/04/nokia-subventionen/ Zugriff am 20.4.2013
3 Ebd.
4 Vgl. http://www.manager-magazin.de/unternehmen/artikel/a-546605.html Zugriff am 20.4.2013
5 Ebd.
6 Ebd.
7 Vgl. http://www.focus.de/finanzen/news/bochum-nokia-zahlt-40-millionen-euro-subventionen-zurueck_aid_315600.html Zugriff am 20.4.2013

2.2 Analyse der Gründe für die Verlagerung von Produktionsstätten am Beispiel von Nokia

Die Gründe für die Verlagerung einer Produktionsstätte sind beim Großteil der Unternehmen dieselben. Produktionskosten, Steuern, Lieferfähigkeit und die Erschließung neuer Märkte gehören oft zu ihnen, wie sich in der Untersuchung vom Fraunhofer-Institut für Systemtechnik und Innovationsforschung[8] zeigt.

Das am häufigsten genannte Motiv sind die Kosten der Produktionsfaktoren, welches von 85% der befragten Unternehmen angegeben wurde. Viele Konzerne verlegen also ihre Produktion ins Ausland, um durch günstigere Produktion, also niedrigere Löhne und geringere Mieten[9], viel Geld einzusparen und somit den Gewinn zu steigern. So ist dies auch einer der Gründe Nokias: Eine Arbeitsstunde in Deutschland kostet ungefähr das Sechsfache von dem, was man für eine Arbeitsstunde in Rumänien[10] zahlen würde. Somit spart Nokia sehr viel Geld, was zu höheren Gewinnen führt.

Die Erschließung neuer Märkte liegt in der „Rangliste" vom Fraunhofer-Institut auf dem zweiten Platz, 42% der befragten Konzerne geben dies als einen der Gründe für ihre Verlagerung an. Im Falle von Nokia führt auch „die größere Nähe zu den Wachstumsmärkten in Osteuropa"[11] zur Umsiedlung nach Rumänien. Folglich verlagern viele Firmen ihre Produktionsstätte, um neue Absatzmärkte im Ausland zu erschließen, welche sie aus Deutschland nur sehr schwer und mit erhöhtem Kostenaufwand erreichen könnten[12].

Außerdem soll die Flexibilität und Lieferfähigkeit bei 30% der Unternehmen durch eine Verlagerung verbessert werden. Durch Produktionsstätten in der ganzen Welt können die Lieferzeiten zu verschiedenen Orten auf der Erde verringert werden. Nokia waren besonders ihre Zulieferer wichtig, in Deutschland hatte sich keiner der erhofften Lieferanten angesiedelt[13]. In Rumänien hingegen wurde ihnen von der rumänischen Regierung ein eigener Industriepark errichtet, welcher 159 Hektar groß ist, von denen 90 Hektar durch Nokia beansprucht werden. Den Rest belegen Zulieferer Nokias und

---

8   Vgl. Klinkel; Lay; Maloca (2004), S. 15 (siehe Anhang S. 15)
9   Vgl. http://wirtschaftslexikon.gabler.de/Definition/faktorkosten.html Zugriff am 11.5.2013
10 Vgl. http://www.spiegel.de/wirtschaft/soziales/arbeitskosten-eine-stunde-kostet-in-deutschland-30-10-euro-a-829423.html Zugriff am 11.5.2013
11 http://www.spiegel.de/wirtschaft/nokias-fluchtgruende-run-auf-rendite-rendite-rendite-a-529294.html Zugriff am 11.5.2013
12 Vgl. Klinkel; Lay; Maloca(2004), S. 16
13 Vgl. http://www.spiegel.de/wirtschaft/nokias-fluchtgruende-run-auf-rendite-rendite-rendite-a-529294.html Zugriff am 11.5.2013

die Telekom, sowie eine Gasfirma[14]. Das frühere Problem mit Zulieferern spielt in Rumänien also keine Rolle mehr, weil diese direkt nebenan produzieren und die Lieferwege somit auf ein Minimum reduziert worden sind. Dies steigert die Flexibilität des Unternehmens erheblich. Zudem lockt Rumänien mit dem von ihnen erstellten Industriepark, der zusätzlich auch schon für 33 Millionen[15] Euro von der Regierung Rumäniens erschlossen wurde. Es wurde für Gas-, Strom- und Wasserzufuhr gesorgt und Zufahrtswege, sowie Gleise[16] für den Zugverkehr wurden errichtet. Rumänien hat demnach versucht Nokia einen weiteren Anreiz zur Verlagerung der Produktionsstätte zu geben, um viele Arbeitsplätze in ihrem Land zu sichern und ihre Wirtschaftskraft zu steigern. Ferner hat Rumänien auch „steuerliche Anreize, etwa durch niedrigere Gewerbesteuer oder die Schaffung von Sonderwirtschaftszonen"[17] geboten.

Dies zeigt sich auch in der Untersuchung des Fraunhofer-Instituts: Niedrige Steuern und Abgaben waren für 25% der befragten Unternehmen wichtig. Dieses Motiv wird immer wichtiger im Hinblick auf Verlagerungen. Vor allem das deutsche Steuersystem verleitet durch seine Komplexität und seine ständigen Steuererhöhungen viele Konzerne zum Abwandern[18]. Bei mehreren Firmen spielen auch Kapazitätsengpässe (36,3%) und die Nähe zu Großkunden (24,4%) eine Rolle. In Folge von Kapazitätsengpässen werden die neuen Produktionsstätten meistens im Ausland[19] angelegt, das führt somit oft zu einer Verlagerung.

Bei der Verlagerung von Nokia ist dies jedoch keiner der Gründe, weshalb sie ihren Standort aufgegeben haben. Verfügbarkeit von qualifiziertem Personal, Präsenz der Konkurrenz, Technologieerschließung, Qualität, Infrastruktur und Koordinations-/Kommunikationskosten sind nicht sehr ausschlaggebend für Standortverlagerungen. Jedoch ist es in den meisten Fällen nicht ein einzelner der zuvor genannten Faktoren, sondern die Gesamtheit[20] dieser, welche eine Verlagerung der Produktionsstätte hervorrufen. Auch bei Nokia war dies der Fall, weil die einzelnen Punkte (siehe Anhang Abb. 1) keine Standortverlegung rechtfertigen würden, jedoch die Summe aller genannten Punkte einen erheblichen Vorteil für den Konzern in vieler

---

14 Vgl. http://www.stern.de/wirtschaft/news/unternehmen/standortverlagerung-wie-transsilvanien-nokia-lockt-608173.html Zugriff am 9.5.2013
15 Ebd.
16 Ebd.
17 Vgl. http://www.spiegel.de/wirtschaft/nokias-fluchtgruende-run-auf-rendite-rendite-rendite-a-529294.html Zugriff am 11.5.2013
18 Vgl. Dr. Axel Nitschke, Dr. Stephan Wimmers, unter Mitarbeit von Dr. Matthias Schoder (2003) S. 4
19 Vgl. Klinkel; Lay; Maloca (2004), S. 16
20 Vgl. http://www.spiegel.de/wirtschaft/nokias-fluchtgruende-run-auf-rendite-rendite-rendite-a-529294.html Zugriff am 11.5.2013

Hinsicht bringt[21].

Die Mehrzahl der Gründe für die Verlagerung von Produktionsstätten ins Ausland ist also auf die Qualität des Wirtschaftsstandortes Deutschland zurückzuführen (siehe Punkt 2.3 Vor- und Nachteile des Wirtschaftsstandortes Deutschland).

2.3 Vor- und Nachteile des Wirtschaftsstandortes Deutschland

In diesem Kapitel werden die Stärken und Schwächen des Wirtschaftsstandortes Deutschland näher erläutert und somit auf die Qualität des Standortes Deutschland geschlossen.

Einer der Vorteile von Deutschland als Standort für Unternehmen ist die hohe Qualität der Infrastruktur, welche den Unternehmen einen einfachen Transport ermöglicht. Dieser kann über das sehr gute Straßen- und Schienennetz erfolgen oder über einen der vielen Flughäfen Deutschlands, sowie über die zahlreichen Häfen (Hamburg, Bremen), welche von Containerschiffen angesteuert werden, geschehen. Dies macht Unternehmen flexibler, weil sie ihre Ware sehr schnell von A nach B transportieren können. Außerdem haben Waren „Made in Germany" einen sehr guten Ruf[22] im Ausland und steigern folglich das Ansehen des Unternehmens und dessen Produktes. Deutschland ist zudem mit einem hohen Humankapital ausgestattet[23] (siehe Abb.3), die Qualifikation der Arbeitskräfte ist also sehr hoch, was Deutschland attraktiv für Unternehmen mit besonders komplexen Produkten macht, da diese qualifizierte Angestellte zur Herstellung benötigen. Des Weiteren ist die sehr weit fortgeschrittene Technik in Unternehmen und die stetige Innovation von Produkten und Verfahren[24] eine der Stärken Deutschlands (State of the Art), „[d]enn um den Wettbewerb, aber auch die zahlreichen Kopierer und Nachahmer auf Distanz zu halten, muss man einfach besser und schneller sein."[25]. Die qualifizierten Arbeitskräfte in Deutschland ermöglichen dies, wodurch Unternehmen einen erheblichen Wettbewerbsvorteil erlangen können. Neue Produkte können mit deutlich höheren Preisen[26] versehen werden, da es keine Konkurrenz mit dem selben Produkt gibt. Dadurch lässt sich der Gewinn des

---

21 Ebd.
22 Vgl. Grohe (2007), S. 73
23 Vgl. Gries (1998), S. 103
24 Vgl. http://www.iwkoeln.de/de/infodienste/iwd/archiv/beitrag/27231 Zugriff am 08.09.2011
25 Grohe (2007), S. 70
26 Vgl. Gries (1998), S. 14f

Unternehmen steigern bis andere Unternehmen ein vergleichbares Produkt auf den Markt gebracht haben.

Jedoch wird dieser Gewinn durch Deutschlands zahlreiche und schwer zu überwindenden Regulierungen stark gesenkt[27], denn bevor ein Produkt auf den Markt gebracht werden kann, muss es in einem Genehmigungsprozess von der Bundesregierung zugelassen werden. Dadurch, dass dies durch viele Regelungen sehr schwer gemacht wird, verzögert sich die Markteinführung enorm und der technologische Fortschritt gegenüber der Konkurrenz geht zum Teil verloren[28]. Zudem müssen Zinsen für zuvor aufgenommene Kredite, die die Innovation des Produktes ermöglicht haben, sehr viel länger als nötig bezahlt werden, weil das Produkt noch keine Erträge bringt[29]. Insgesamt wird also der gesamte Innovationsprozess teurer für das Unternehmen, weil sehr strenge Regulierungen vorhanden sind. Der Staat steht den Unternehmen also im Weg und reduziert einen seiner eigentlichen Vorzüge dadurch erheblich.

Ein weiterer Nachteil besteht in den hohen Lohnkosten[30], die Konzerne in Deutschland bezahlen müssen. Dabei ist nicht nur das hohe Lohnniveau das Problem, sondern auch die beträchtlichen Sozialabgaben, die zur Hälfte vom Arbeitgeber getragen werden müssen. Somit erhöhen sich die Kosten für die Konzerne immens, weil sie zusätzlich zu den Lohnkosten auch noch die Kosten für die Sozialversicherungen übernehmen müssen. Ergänzend spielen auch die hohen Steuerabgaben eine wichtige Rolle für die Standortqualität, weil diese die Kosten für eine Firma deutlich steigern können. In der Grafik[31] des Bundesfinanzministeriums zur Unternehmensbesteuerung (Abb. 2) verschiedener Staaten der Welt liegt Deutschland mit 29,83% Besteuerung im unteren Mittelfeld. Daraus lässt sich schließen, dass viele Konzerne von diesen hohen Steuerabgaben abgeschreckt werden oder diese einen Standortwechsel attraktiver machen. Auch die Komplexität des deutschen Steuersystems macht Deutschland als Standort nicht gerade attraktiv. Jedoch haben die hohen Steuern auch Auswirkungen auf andere Handlungen einer Firma, weil sie durch die höheren Ausgaben zum Beispiel weniger Geld investieren kann[32]. Folglich werden beispielsweise weniger Technologieinvestitionen getätigt, was die Innovation bremst.

---

27 Ebd., S. 15
28 Vgl. Gries (1998), S. 15
29 Ebd., S. 11
30 Ebd.
31 Vgl. http://www.bundesfinanzministerium.de/Content/DE/Monatsberichte/2012/06/Inhalte/Kapitel-3-Analysen/3-3-die-wichtigsten-steuern-im-internationalen-vergleich.html, siehe Anhang Seite X
32 Vgl. Gries (1998), S. 13

Nicht zuletzt mindert auch der in Deutschland schwierige Zugang zu Krediten die Standortqualität, weil somit weniger Investitionen gemacht werden können. Auch der Fachkräftemangel hindert viele Unternehmen daran sich für Deutschland als Standort zu entscheiden, weil die Fachkräfte, wie zum Beispiel Ingenieure und andere Akademiker, welche für bestimmte Arbeiten im Unternehmen gebraucht werden, einfach nicht vorhanden sind, jedoch dringend notwendig für die Herstellung eines bestimmten Produktes gebraucht werden.

Insgesamt sind es besonders kostensteigernde Faktoren, welche die Produktion von einfachen Produkten in Deutschland nicht wettbewerbsfähig gegenüber anderen Ländern, wie zum Beispiel Bulgarien oder Rumänien machen (siehe Abbildung 4). In diesen kann sehr viel günstiger produziert werden, wobei die Qualität trotzdem gleich bleibt. So war dies auch einer der ausschlaggebenden Gründe für Nokia seine Produktion in ein kostengünstigeres Land wie Rumänien zu verlegen.

2.4 Folgen der Produktionsverlagerungen für Deutschland

Natürlich bleiben die zahlreichen Produktionsverlagerungen, die vollzogen werden, nicht ohne Folgen für Deutschland als Standort für Unternehmen und seine Bevölkerung. Jedoch sind diese, wie es oft auf den ersten Blick scheint nicht immer nur negativ.

Eine offensichtliche Folge ist für die meisten der starke Abbau von industrieller Produktion[33], welcher meistens besonders Geringqualifizierte betrifft, die direkt in dem entsprechenden Unternehmen gearbeitet haben. Diese verlieren durch die Verlagerung der Produktionsstätte ihren Job. So ging es auch Nokias Angestellten, welche daraufhin stark gegen die Abwanderung protestierten und den Wegfall von 2300 Stellen[34] verhindern wollten. Diese direkte Konfrontation ruft eine sehr negative Einstellung des Volkes gegenüber den Produktionsverlagerungen hervor, da sich die ehemals Beschäftigten betrogen und verlassen fühlen. Die Bevölkerung ist deswegen dem Staat gegenüber nicht sehr freundlich stimmt, wodurch es zu sozialen Problemen, wie Unzufriedenheit, langfristige Arbeitslosigkeit und Armut kommen kann. Ähnlich hatte auch Nokia mit vielen Demonstrationen ihrer ehemaligen Angestellten zu kämpfen und

---

33 Vgl. Hirsch-Kreinsen und Wilhelm (1996), S. 120
34 Vgl. http://www.zeit.de/online/2008/04/nokia-subventionen/ Zugriff am 29.4.2013

musste sehr viel Kritik von verschiedenen Positionen hinnehmen[35]. Jedoch gehen durch Verlagerungen der Produktion ins Ausland nicht nur Arbeitsplätze verloren. Durch neue Aufträge in den neu erschlossenen Märkte im Ausland werden auch in Deutschland wieder Beschäftigungsmöglichkeiten geschaffen. Dies geschieht durch die geringen Kosten im Produktionsland, welche den Gewinn erhöhen und die Unternehmen somit stabilisieren. Dadurch können neue Arbeitsplätze in anderen Branchen geschaffen. Denn durch den höheren Gewinn und die Einkommenssteigerungen in den kostengünstigeren Ländern können diese ihren Import erhöhen, wodurch Deutschland mehr Gewinn durch den Export macht[36]. Ebenso ist es mit den Direktinvestitionen. Da Investitionen in Deutschland durch die Verlagerungen geringer werden[37], werden diese, wie beim Beispiel Nokia, nun im Ausland getätigt. Wenn ein Unternehmen beispielsweise eine neue Produktionsstätte im Ausland errichten möchte, werden die nötigen Maschinen für diese Fabrik aus Deutschland bezogen. Deutschland ist in dieser Branche, der Werkzeugs- und Maschinenbaubranche sehr stark und bekannt, wodurch viele der Investitionsgüter aus Deutschland importiert werden[38]. Folglich können deutsche Unternehmen mehr exportieren und ihren Gewinn steigern.

Dennoch hat eine Produktionsverlagerung auch Auswirkungen auf die Zulieferer und Lieferanten des verlagernden Konzerns, denn, wenn das abwandernde Unternehmen ein Großabnehmer des Zulieferers ist, wird dieser erhebliche Gewinneinbußen verzeichnen und dadurch vielleicht sogar Stellen abbauen müssen. Infolgedessen können ganze Produktionsketten unter der Verlagerung einer Produktionsstätte leiden und müssen die hervorgerufenen Verluste anderweitig ausgleichen. Dies hat auch bei Nokia eine wichtige Rolle gespielt, denn viele ihrer ehemaligen Zulieferer wurden durch die Verlagerung des Werks stark geschädigt, da sie einen ihrer Hauptabnehmer verloren haben[39]. Für Nokia war dies jedoch einer der Gründe, warum sie nach Rumänien wollten, weil sich dort ihre Zulieferer direkt nebenan befinden.

Es steht also fest, dass Produktionsprozesse einfacher Produkte nicht in Deutschland gehalten werden können, da die Produktion derselbigen im Ausland deutlich günstiger ist. Nokia hat sein Werk somit ins Ausland verlegt, um die Kosten erheblich zu senken, da das Werk in Bochum zu teuer war. Deutschland wird also zwangsläufig auf

---

35 Vgl. http://www.manager-magazin.de/unternehmen/artikel/a-546605.html Zugriff am 20.4.2013
36 Vgl. http://www.fes.de/fulltext/fo-wirtschaft/00359004.htm#E10E8 Zugriff am 5.5.2013
37 Ebd.
38 Ebd., S. 20
39 Vgl. http://www.n-tv.de/archiv/Nokia-verlaesst-Bochum-article268106.html Zugriff am 29.4.2013

kapitalintensive und innovative Produkte[40] setzen müssen, welche hochqualifizierte Arbeitskräfte zur Herstellung benötigen und nicht in Billiglohn-Ländern produziert werden können.

---

40 Vgl. Hirsch-Kreinsen und Wilhelm (1996), S. 121

3. Schluss

3.1 Zusammenfassung und Diskussion der Ergebnisse

Im Laufe der Untersuchung dieser Arbeit haben sich die wichtigsten Motive für die Verlagerung von Produktionsstätten und die dadurch entstehenden Folgen deutlich herausgestellt. Das Hauptmotiv sind die hohen Arbeitskosten in Deutschland, weil das Lohnniveau im Vergleich zu Billiglohn-Ländern, wie zum Beispiel Rumänien oder Bulgarien[41], fast zehnmal so hoch ist. Zuzüglich müssen natürlich auch noch die hohen Sozialabgaben bezahlt werden, welche den Preis einer Arbeitsstunde stark erhöhen. Somit ist klar, dass Unternehmen in anderen Ländern deutlich an Produktionskosten sparen und folglich viel mehr Gewinn machen, der dann wieder investiert werden kann. Außerdem wird dieser Profit zusätzlich durch den gewonnen Absatz in den neuen Märkten und die niedrigeren Steuerabgaben[42] gesteigert. Zudem kann durch eine Produktionsverlagerung oftmals eine höhere Flexibilität und Lieferfähigkeit des Konzerns gewährleistet werden, weil Zulieferer und Kunden näher am Unternehmen liegen. So waren dies auch die Hauptmotive Nokias den Standort Deutschland zu verlassen und in Rumänien zu produzieren.

Die Folgen für den Standort Deutschland sind vor allem der Abbau von industrieller Beschäftigung[43]. Dieser wirft besonders soziale Problem, wie Unzufriedenheit und Armut durch den Verlust des Jobs auf. Jedoch schaffen Produktionsverlagerungen auch Arbeitsplätze in anderen Branchen, da besonders erhöhter Bedarf an Investitionsgütern und komplexeren Produkten besteht, die im Ausland nur sehr schlecht hergestellt werden können. Dadurch wird der Export Deutschlands gesteigert und die Werkzeug- und Maschinenbauindustrie wird stabilisiert, wodurch besonders dort neue Arbeitsplätze geschaffen werden können[44].

Es stellt sich heraus, dass Deutschland also mehr auf innovative und komplexere Produkte setzen muss, um als Standort wettbewerbsfähig zu bleiben. Dieser und weitere mögliche Lösungsansätze werden im letzten Kapitel der Arbeit diskutiert und erörtert.

---

41 Vgl. https://www.destatis.de/DE/PresseService/Presse/Pressemitteilungen/2012/04/PD12_144
_624.html;jsessionid=802F362BB88DDBD018FF7B32048B4D62.cae1, siehe Anhang S. X
42 Vgl. http://www.bundesfinanzministerium.de/Content/DE/Monatsberichte/2012/06/Inhalte/Kapitel-3-
Analysen/3-3-die-wichtigsten-steuern-im-internationalen-vergleich.html, siehe Anhang S. X
43 Vgl. Hirsch-Kreinsen und Wilhelm (1996), S. 120
44 Ebd., S. 120f

3.2 Ausblick

Ein Ausblick in die Zukunft zeigt, dass Deutschland sich auf innovative und komplexere[45] Produkte spezialisieren muss, um attraktiv für Unternehmen zu bleiben. Der Standortvorteil der Innovation muss genutzt und ausgebaut werden, denn zwangsläufig werden immer weniger einfache Produkte in Deutschland produziert werden, weil diese in Billiglohn-Ländern sehr viel kostengünstiger hergestellt werden können. Um langfristig kapitalintensive und innovative Produkte herzustellen, muss jedoch viel in Bildung und Forschung investiert werden, denn man benötigt zur Herstellung solch innovativer Produkte qualifizierte Arbeitskräfte. Diese sind momentan in Deutschland vorhanden, doch das Humankapital Deutschlands steigt nur noch sehr langsam, da die Konkurrenz mit der Zeit aufholt[46]. Es muss folglich viel in Bildung investiert werden, um den Standortvorteil der Innovation erhalten zu können und somit weiterhin innovative Artikel herstellen zu können.

Des Weiteren müssen in Zukunft auch die bürokratischen Mechanismen[47], die ein Produkt vor der Einführung genehmigen müssen, reduziert werden. Denn der Vorteil der Innovation kann nur voll ausgeschöpft werden, wenn die entwickelten Produkte schnell auf den Markt gebracht werden können. Ansonsten wird die Konkurrenz den technologischen Rückstand, den sie haben, sehr schnell aufholen. Dies würde den Standortvorteil der Innovation, den Deutschland vorweisen kann, enorm reduzieren.

Ein weiterer Lösungsansatz stellt auch der einfachere Zugang zu Krediten dar. Momentan ist es sehr schwer für Konzerne Kredite in Deutschland[48] aufzunehmen, weil die Banken nicht sehr risikobereit sind. Dies müsste sich in Zukunft ändern, um Unternehmen die Möglichkeit der Innovation erst zu eröffnen, denn ohne Kapital kann ein Konzern keine hochentwickelten Produkte herstellen.

Abschließend ist also sehr deutlich zu erkennen, dass sich die Industrie Deutschlands auf besonders kapitalintensive und sehr innovative Produkte spezialisieren muss, um auf dem Weltmarkt mithalten zu können. Dafür müssen jedoch die zuvor genannten Punkte erfüllt werden. Denn ohne das nötige Humankapital und einer einfachen Möglichkeit Produkte schnell auf den Markt zu bringen, ist eine Produktion hochentwickelter Produkte in Deutschland nicht möglich.

---

45 Vgl. Hirsch-Kreinsen und Wilhelm (1996), S. 121f
46 Christina Anger (2007), S. 10f, siehe Anhang S.
47 Gries (2007), S. 15
48 Vgl. http://www.iwkoeln.de/de/infodienste/iwd/archiv/beitrag/27231 Zugriff am 8.9.2011

4. Anhang

Abbildung 1: Gründe für die Verlagerung bei Betrieben, die zwischen 2001 und 2003
Teile der Produktion ins Ausland verlagert haben

(n=390 Verlagerungen mit Angaben zu den Gründen, Mehrfachnennung)

Gründe	Anteil der Verlagerungen, in denen .... eine Rolle spielten		
	Rohdaten		Hochrechnung
	absolut	in Prozent	in Prozent
Kosten der Produktionsfaktoren (Personal, Material, Kapital, etc.)	331	84,9	85,0
Markterschließung	180	46,2	42,3
Flexibilität, Lieferfähigkeit	146	37,4	36,6
Kapazitätsengpässe	113	29,0	28,7
Steuern, Abgaben, Subventionen	110	28,2	28,2
Nähe zu Großkunden	105	26,9	24,6
Verfügbarkeit von qualifiziertem Personal	44	11,3	12,1
Präsenz der Konkurrenz	39	10,0	8,9
Technologieerschließung	20	5,1	5,0
Qualität	15	3,8	4,0
Infrastruktur	27	6,9	5,8
Koordinations-/Kommunikationskosten	12	3,1	3,0

Quelle: Klinkel, Steffen; Lay, Gunter; Maloca, Spomenka (2004) S. 15

Abbildung 2: Unternehmensbesteuerung 2011 im internationalen Vergleich

Tarifliche Belastung des Gewinns von Kapitalgesellschaften 2011 (nominal) in %

(Körperschaftssteuern, Gewerbebetragssteuern und vergleichbare Steuern des Zentralstaats und der Gebietskörperschaften)

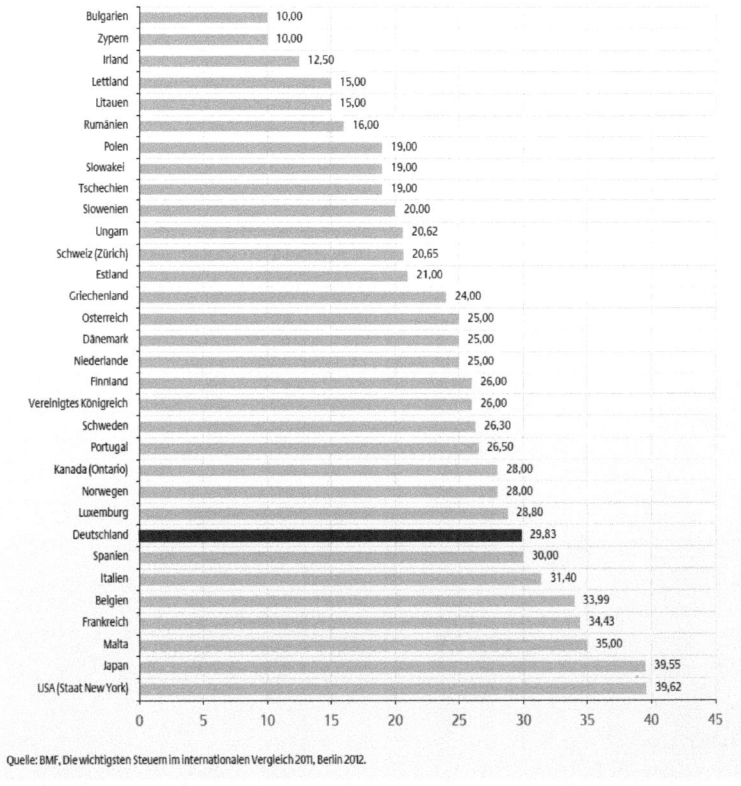

Quelle: BMF, Die wichtigsten Steuern im internationalen Vergleich 2011, Berlin 2012.

Quelle: http://www.bundesfinanzministerium.de/Content/DE/Monatsberichte/2012/06/Inhalte/Kapitel-3-Analysen/3-3-die-wichtigsten-steuern-im-internationalen-vergleich.html Zugriff am 19.5.2013

Abbildung 3: Bestand an Humankapital im internationalen Vergleich

Ergebnisse des IW-Humankapitalindexes für den Bereich Bestand für das Jahr 2004

Wertebereich von 0 (schlechteste Bewertung) bis 100 (beste Bewertung)

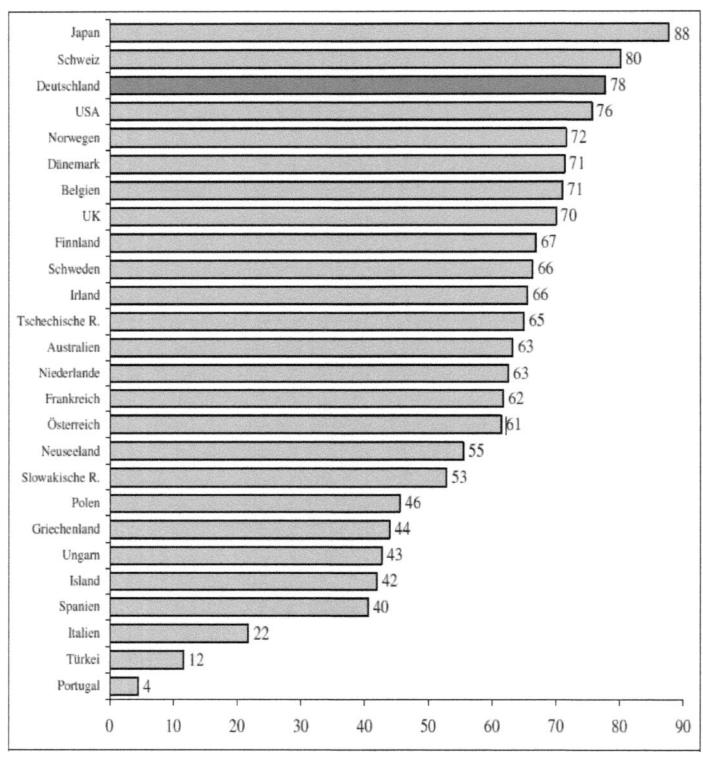

Quellen: OECD; Institut der deutschen Wirtschaft Köln

Institut der deutschen
Wirtschaft Köln

Quelle: Christina Anger (2007), S. 10

16

Abbildung 4: Arbeitskosten je geleistete Stunde im Jahr 2011 in Euro

Mitgliedstaaten der Europäischen Union (absteigend sortiert nach dem Arbeitskostenniveau in der Privatwirtschaft)	Privatwirtschaft	Verarbeitendes Gewerbe	
	Euro	Euro	Rang
Europäische Union (EU 27)	22,80	23,20	–
Euro-Währungsgebiet	27,70	29,30	–
Belgien	39,30	40,60	1
Schweden	39,10	40,50	2
Dänemark	38,90	37,60	3
Frankreich	34,20	35,60	4
Luxemburg	33,70	29,60	9
Niederlande	31,10	33,00	6
Deutschland	30,10	34,30	5
Finnland	29,70	32,00	7
Österreich	29,20	31,00	8
Irland	27,40	29,10	10
Italien	26,70	26,10	11
Spanien	20,60	22,00	12
Vereinigtes Königreich	20,10	20,90	13
Zypern	16,50	13,30	16
Griechenland	15,40 [1]	15,30 [1]	14
Slowenien	14,40	13,70	15
Portugal	12,10	10,40	18
Malta	11,90	12,60	17
Tschechische Republik	10,50	9,90	19
Slowakei	8,40	8,20	20
Estland	8,10	7,50	21
Ungarn	7,60	7,30	22
Polen	7,10	6,40	23
Lettland	5,90	5,30	24
Litauen	5,50	5,30	24
Rumänien	4,50	3,70	26
Bulgarien	3,50	2,80	27

Quelle: https://www.destatis.de/DE/PresseService/Presse/Pressemitteilungen/2012/04/ PD12_144_624.html Zugriff am 18.5.2013

5. Quellenverzeichnis

5.1 Literaturverzeichnis

Kinkel, Steffen/ Lay, Gunter/ Maloca, Spomenka: *Produktionsverlagerungen ins Ausland und Rückverlagerungen - Ergebnisse aus der Erhebung „Innovationen in der Produktion" des Fraunhofer-Instituts für Systemtechnik und Innovationsforschung*, Karlsruhe: Fraunhofer-Institut für Systemtechnik und Innovationsforschung ISI, 2004

5.2 Internetquellen

Faigle, Philip: Stille im Revier, http://www.zeit.de/online/2008/04/nokia-subventionen, Hochgeladen am 18.1.2008, Zeit online, Zugriff am 20.4.2013

Einigung mit Nokia, http://www.manager-magazin.de/unternehmen/artikel/a-5466 05.html, Hochgeladen am 10.4.2008, Zugriff am 20.4.20013

http://www.focus.de/finanzen/news/bochum-nokia-zahlt-40-millionen-euro-subventionen-zurueck_aid_315600.html, Focus online Zugriff am 20.4.2013

Von Weizsäcker, Robert: *Faktorkosten*, Gabler Verlag, Gabler Wirtschaftslexikon, Stichwort: Faktorkosten, http://wirtschaftslexikon.gabler.de/Archiv/57099/faktorkosten-v4.html, Zugriff am 11.5.2013

BEI GRIN MACHT SICH IHR WISSEN BEZAHLT

- Wir veröffentlichen Ihre Hausarbeit,
  Bachelor- und Masterarbeit

- Ihr eigenes eBook und Buch -
  weltweit in allen wichtigen Shops

- Verdienen Sie an jedem Verkauf

Jetzt bei www.GRIN.com hochladen
und kostenlos publizieren